Altares, Ofrendas, Oraciones y Rituales a la

SANTA MUERTE

Altares, Ofrendas, Oraciones y Rituales a la

SANTA MUERTE

Grupo Editorial Tomo, S. A. de C. V.
Nicolás San Juan 1043
03100 México D. F.

1a. edición, marzo 2005.

© *Altares, Ofrendas, Oraciones y Rituales*
a la Santa Muerte
Proyecto: Grupo Editorial Tomo, S.A. de C.V

© 2005, Grupo Editorial Tomo, S.A. de C.V.
Nicolás San Juan 1043, Col. Del Valle
03100 México, D.F.
Tels. 5575-6615, 5575-8701 y 5575-0186
Fax. 5575-6695
http://www.grupotomo.com.mx
ISBN: 970-775-094-4
Miembro de la Cámara Nacional
de la Industria Editorial No 2961

Diseño de portada: Emigdio Guevara.
Formación tipográfica: Luis Raúl Garibay Díaz
Supervisor de producción: Leonardo Figueroa

Impreso en México - *Printed in Mexico*

Prólogo

El presente libro que estás a punto de leer, no tiene otra intención que mostrarte las diversas formas en que se le rinde culto a la Santísima Muerte.

Nuestra intención no es hacerte cambiar de religión o darte armas para lograr hacer daño a la gente mediante ofrendas y oraciones a esta misteriosa "majestad", lo que en verdad buscamos, es que conozcas a fondo la magia y el poder que ha logrado enraizar en nuestro país esta imagen.

La Iglesia católica, así como sus ministros y fieles seguidores, se han manifestado en contra del culto a la Santa Muerte, argumentando que Dios y su legado no están a favor de la muerte, "sino a favor de la vida".

Siendo México un país creyente de la fe cristiana y seguidor de innumerables santos y vírgenes, ¿por qué no también incluir a la Santa Muerte? Quizá la imagen y el sentido que se le da sea de oscurantismo, misterio y fin de la existencia —tal y como la conocemos—, cosa que cualquier ser vivo no desea cerca, pero que se quiera o no, ella está presente en nuestras vidas.

En los últimos años, el culto y veneración a la Santa Muerte ha dejado de ser exclusivo de narcotraficantes, prostitutas o maleantes, y en cada templo erigido a ella, podemos ver a señoras que, con bebés en brazos, llegan a darle las "gracias" por haberlas apoyado durante su difícil gestación. Asimismo, no es raro ver a madres desconsoladas pedirle a la Santa Muerte por sus hijos que, por diversos motivos, se encuentran presos o "extraviados".

Pues bien amigo lector, en tus manos tienes la forma de contactar y venerar a la Santa Muerte. El uso —bueno o malo— que hagas de esta información, depende única y exclusivamente de tu propia conciencia y necesidades. Buena suerte.

Los Investigadores.

Introducción

El culto o ritual de la Santísima Muerte es, independientemente de cualquier mito o creencia religiosa, una realidad que ya nadie puede poner en duda.

Día a día podemos encontrarnos con un número que va en aumento en cuanto a sus seguidores. No obstante, aún puede decirse que este culto es marginal y bastante popular.

El culto a la Muerte no tiene un origen claro. Hay voces que mencionan que todo comenzó en Cuba, entre los santeros y brujos de magia negra de la bella isla que adoraban a la muerte que, a su vez, había sido traída de África por sus antepasados.

De igual forma, hay otras voces que aseguran que la Santísima Muerte tuvo sus primeros seguidores en el puerto de Veracruz. La versión más antigua que logramos recopilar entre la gente que conoce acerca del tema nos mencionan que, a mediados del siglo XIX, un chamán del estado de Veracruz tuvo una "visita" de la Santísima Muerte mientras dormía. En sus sueños, el chamán recibió la orden de que difundiera su culto entre todos los mexicanos, pues ella consideraba a México su patria.

La diferencia básica entre ambas versiones es el sacrificio de animales. Por ejemplo, en Cuba se hace con frecuencia el sacrificio de ciertos animales para pedir, rendir culto o agradecer favores recibidos a la Muerte.

Pero en México todo es distinto, ya que aquí se levantan pequeños templos (o de dimensiones respetables como los que hay en las zonas de Tepito, la colonia Buenos Aires o detrás de lo que era el *Palacio Negro* de Lecumberri, en el Distrito Federal), se les rezan oraciones y se les prenden veladoras e inciensos.

También es importante recordar que, aún antes de que la conquista del continente americano tuviera lugar, el culto y veneración que nuestros antepasados tenían hacia la muerte era de suma importancia. Y aún a pesar de la "evangelización" que se llevó a cabo entre los pueblos que habitaban la gran Tenochtitlan, siguen vigentes hoy en día muchos ritos y creencias entorno a la muerte.

No es raro ver cada 1 y 2 de noviembre a turistas y reporteros del todo el mundo llegando a Mixquic o Pátzcuaro, Michoacán, para ver cómo los mexicanos festejamos a nuestros muertos y cómo convivimos con la encargada de llevarse a nuestros difuntos: La Muerte.

Esta relación entre los mexicanos y la Muerte la convierte, al mismo tiempo, en un ser de luz y oscuridad. A ella la respetamos y le tememos, pero con nuestras famosas "calaveritas" también le demostramos que sabemos reírnos de y con ella.

La veneración a la Santa Niña —como también se le conoce entre sus seguidores—, tuvo su primer gran auge alrededor del año de 1965. Los estados de la República Mexicana donde se pueden encontrar un mayor número de seguidores son: el Estado de México, Guerrero, Tamaulipas, Campeche, Morelos, D. F., Veracruz, Quintana Roo, Oaxaca, Sinaloa y Tijuana.

Infinidad de leyendas giran en torno al origen de esta tradición, pero, ¿quién es la Santa Muerte?, ¿cómo es físicamente?, ¿es un ser invisible, intangible? Aquellos que dicen haber tenido algún contacto con ella la describen como un ente blanco que flota, cubierto con una brillante túnica blanca y con el esquelético rostro y huesudas manos de todos conocido.

El grado de "Santa" o "Santísima" que se la ha conferido a la Muerte ha sido otorgado a través de los años por sus seguidores. Muchos de ellos la denominan así por ser una entidad blanca que sirve para acercarse al Creador, por ser la "intermediaria" encargada de llevarnos de la vida hacia la muerte.

Como mencionamos anteriormente, la popularidad de la Santísima Muerte ha ido creciendo a pasos agigantados en los últimos años, convirtiéndose en la máxima protectora de narcotraficantes, brujos, prostitutas, ladrones, policías judiciales, soldados, comerciantes, presidiarios, traileros y, ¿por qué no decirlo?, algunos políticos.

Por ejemplo, en un santuario ubicado en la ciudad de Pachuca, Hidalgo (Nueva Hidalgo, calle Av. 8), nos encontramos que las prostitutas dejan su veladora roja a la Santísima Muerte, llevan con ellas una imagen de ella y le piden las ayuden y protejan en su "trabajo"; así también, se barren y usan amuletos, perfumes y jabones especiales, para que no les falten "clientes" y logren llevar el pan a sus hogares.

Un curioso caso nos llegó desde el estado de Zacatecas, donde unos mineros de Sombrerete rendían culto a una imagen de la "Santa Niña" tallada en madera y colocada en un improvisado altar en la entrada a las excavaciones. Cada uno de ellos, al entrar a trabajar en las minas, se encomendaban a ella para bajar, pues temían que algo malo les fuera a pasar y les impidiera el regreso a sus hogares. Muchos de ellos explicaban que tenían miedo a la "muerte súbita", ya que si cualquiera de ellos moría de forma repentina, no tenían la oportunidad de confesarse o de acercarse a los sacramentos que los llevarían ante la presencia de Dios, es por ello que le pedían a la mismísima Muerte que no se los llevara, por lo menos no ese día.

Por lo general, los seguidores de la Santísima Muerte, en su afán por tener una existencia plena y muy larga, buscan tenerla como "amiga", de esta forma no se los llevará al más allá, y logrará ayudarlos en el "más acá".

Muchas personas la conocen con diversos nombres, por ejemplo: Santa, Santísima, Blanquita o La Niña. Como se mencionó con anterioridad, la Santísima Muerte no forma parte del santoral ni es reconocida por la Iglesia Católica, pero su veneración es cada día más evidente en algunos sectores de la sociedad.

Al mezclarnos con sus seguidores en ciertos altares en colonias populares, sus seguidores nos han mencionado que a ella le piden los "narcos" y los policías, "pues ellos son de las personas que más nos visitan en estos lugares, porque se libran de la justicia".

Otro dato de suma importancia que han compartido con nosotros, es que La Santísima Muerte "debe estar sola en un altar, siempre con su ofrenda y con su veladora". Hay quienes aseguran que la "Blanquita" es buena con sus fieles y "castigadora" con los que juegan con ella. "La gente es muy devota a ella, ah pero eso sí, debe estar lejitos de cualquier otro santo, pues es bien celosa", afirman.

Desde figurillas hasta veladoras, oraciones e incluso ritos de magia negra, todo lo relacionado con el culto a la Santa Muerte puede conseguirse en el Mercado de Sonora (en el Distrito Federal).

Las veladoras, velas, velones, amuletos, perfumes, esencias, medallas y jabones "de la Santa Muerte", son usados en cada uno de los ceremoniales de adoración y alabanza en honor de la "Santísima Niña". Podemos toparnos con infinidad de ritos, pero algo que todos ellos tienen en común es la presencia constante de luz, es decir, la veladora.

Considerado un movimiento social, cultural y religioso, el culto a la Santa Muerte se ha transformado en la actualidad en importante objeto de estudio por parte de historiadores, arqueólogos y antropólogos sociales.

Ya no es raro ver en lugares y establecimientos públicos una pequeña oración con la imagen de la Santa Muerte, así como figuras de cera, resina o diversos materiales que son parte del mobiliario del lugar.

Altares: colores, elementos y materiales

La Santísima Muerte, por lo general, siempre se representa mediante una imagen de esqueleto humano o por un cráneo humano. No obstante, La Blanquita tiene símbolos muy relacionados a ella, como pueden ser: la guadaña, la balanza o el mundo en sus manos. Podemos encontrarla sentada, de pie o llevando en brazos un cuerpo; y en ocasiones, con sus brazos abiertos, como esperando recibir a sus devotos.

Para colocar un altar dedicado a la Santísima Muerte, debes estar plenamente convencido de ello y manifestarle suficiente fe, pues de lo contrario, en lugar de recibir ayuda, pueden empeorar las cosas. Ella no es mala o se encuentra relacionada a fuerzas oscuras que te dañen, pero sí es muy poderosa y no quiere que jueguen con ella.

Si de verdad quieres recibir ayuda y auxilio de esta imagen, te aconsejamos seguir los siguientes pasos para instalar un altar en tu hogar u oficina.

El primer paso es tener mucha fe y estar plenamente convencido de que la imagen te va a servir. No trates de "esconderla" o cambiarla de lugar cuando alguien te visite para evitar burlas o reclamos. Si así los haces, los resultados serán nulos o, inclusive, adversos.

Hecho esto, deberás elegir una imagen que "te diga algo", una imagen especial que en verdad te lleve a colocarla en un altar. De todos es sabido que la fe y devoción depositada en cualquier objeto, sin importar su tamaño o material, es la clave del éxito. Es por ello que no importa si la imagen que deseas es de barro, plata u oro macizo; así como tampoco que sea de 20 centímetros o de 3 metros de altura. Tus posibilidades económicas, así como la conexión que haya entre la imagen y tú, dictarán cuál es la que te conviene.

El lugar ideal para cualquier altar —no sólo el de la Santa Muerte— debe estar ventilado y lejos de los ojos curiosos o malintencionados. El lugar que elijas en tu casa u oficina debe ser fijo y colocado a la altura de tu mentón o más arriba. Es importante que la imagen jamás toque el suelo, pues podría tomarse como una enorme falta de respeto.

La base del altar puede ser de cualquier material: madera, piedra, metal o cristal. Por seguridad tuya y de la imagen, debe estar perfectamente afianzado a la pared. Ten mucho cuidado en este punto y recuerda que en el altar no sólo estará la imagen, sino que también habrá veladoras y objetos necesarios para los "trabajos".

Una vez que ya tengamos todo lo anterior, debemos "limpiar y consagrar" la imagen de la Santa Muerte. Para lograrlo, primero toma un paño (nuevo y exclusivo de tu imagen), rocíalo con agua hervida —sin mojarlo completamente—, y limpia con él toda la imagen. Hecho esto, lleva la imagen a su altar y prende una veladora blanca, dejándola ahí hasta que se consuma.

Una vez que se termine la primera veladora, debes encender una segunda y encenderla durante toda una semana para ver si a tu imagen le agrada el lugar donde colocaste su altar.

Si en el transcurso de la primera semana no hay sueños extraños o acontecimientos fuera de lo normal, tu imagen está más que complacida con el altar que colocaste. Si no es así, ubícala en otro lugar e inicia de nuevo todos los pasos.

Es muy importante que informes a las personas que cohabitan o trabajan contigo que el altar merece respeto por parte de todos. Si ellos llegan y saludan respetuosamente a la imagen, ella también les ayudará; pero si alguno de ellos no cree en ella o no está interesado en sus servicios, lo mejor que debe hacer es ignorar que existe y no manifestarse contra ella.

Los colores en la imagen que desees de la Santa Muerte pueden variar de acuerdo a la ayuda que necesites. Por ejemplo:

♦ La Santísima Muerte de color blanco manifiesta la purificación total del lugar donde se encuentre. Asimismo, elimina cualquier energía negativa, sobre todo la que hay en hogares donde encuentre envidias, peleas y rencillas entre los habitantes de la misma. Si llegas a verla, seguramente falta en tu casa la armonía y el equilibrio.

♦ La Santísima Muerte vestida de rojo se relaciona con la pasión y el amor. En la magia blanca siempre se ha utilizado este color para el amor, así que si en tu hogar hay problemas con tu pareja, deseas estabilidad emocional en los asuntos del corazón o deseas atraer a la media naranja que aún no llega, coloca una Santa Muerte vestida de rojo.

♦ La Santísima Muerte color hueso y natural se recomienda para que en los hogares o negocio haya paz, armonía y éxito. No es raro que los hechiceros y la gente que trabaja con la Santa Muerte manifiesta su preferencia por las imágenes de este color.

♦ La Santísima Muerte de color azul te ayudará en todo lo relacionado al plano profesional. Si el jefe o los compañeros de trabajo no dejan de molestarte y hacerte la vida "de cuadritos", este color ayudará a que se olviden de molestarte.

♦ La Santísima Muerte color dorado es ideal para lograr el poder económico, el éxito en cualquier negocio y la atracción del dinero. La Santa Muerte ataviada con ropajes dorados es ideal para negocios, industrias, proyectos, tiendas, etcétera.

♦ La Santísima Muerte color amarillo te ayudará a solucionar de manera rápida cualquier problema menor. Este color te iluminará y te abrirá las puertas a soluciones que muchas veces no logramos ver por sentirnos "ahogados" por los problemas.

♦ La Santísima Muerte color ámbar traslúcida es ideal para ser colocada en centros de rehabilitación u hospitales que ayuden a gente con problemas de drogadicción o alcoholismo. Asimismo, cualquier persona que padezca de cualquier enfermedad, puede verse beneficiado por la imagen de este color.

♦ La Santísima Muerte color verde es ideal para cualquier asunto relacionado a leyes y justicia. Por ello, no es extraño ver imágenes de este color en despachos y bufetes jurídicos.

♦ La Santísima Muerte color café es ideal para salir avante de cualquier problema que se nos presente cada día. Si deseas estar protegido contra cualquier mal que la vida te ponga a diario, echa mano de este color.

♦ La Santísima Muerte de color negro representa la protección total. Cualquier imagen de este tono debe ser venerada por gente experta y con conocimientos en magia, pues en esta imagen se representa la dualidad del bien y el mal. (Te recomendamos ampliamente informarte más acerca de esta imagen antes de usarla o llamarla).

♦ La Santísima Muerte color morado es ideal para "despertar" o "reforzar" tus cualidades psíquicas. Asimismo, ayuda en el desarrollo espiritual y para abrir caminos al plano de los seres desencarnados. Su uso también debe ser llevado a cabo por personas ya iniciadas y con experiencia.

NOTA: Es importante hacer la aclaración de que no es necesario comprar una imagen de cada color y que cada una tenga un altar. Recuerda que los colores pueden variar en cuanto a vestimentas, accesorios y veladoras.

Los cuatro elementos en relación a la Santísima Muerte

Agua

Este líquido es de vital importancia para cualquier ser vivo. Por lo que respecta al uso en los rituales, su trabajo principal será como filtro espiritual que se encargará de eliminar cualquier influencia negativa que haya en torno a ti. Este es el motivo principal por el que nunca debe de faltar un poco de agua fresca en tu altar. No es necesario que sea agua hervida o purificada, sólo coloca un poco de este líquido en una vaso chico y cámbiala diario.

La Santísima Muerte puede informarte de cómo van las cosas mediante el agua, por ejemplo: Si ésta se mantiene limpia, puedes estar seguro de que en la familia o negocio todo marcha sobre ruedas y no hay elementos negativos alrededor. Si ves que el agua se evapora con mucha rapidez cuida tu dinero y no inviertas, puedes perder o arriesgarte a un fraude. Si en el vaso llegas a ver "burbujitas", se te está informando acerca de éxito en tu trabajo y de proyectos fructíferos. Finalmente, si el agua se muestra sucia, las relaciones con tus trabajadores o con tu pareja están pasando por malos momentos, así que evita fricciones, no discutas y no te aventures en ningún nuevo romance o contrates a nadie —no funcionará.

Fuego

Este elemento lleva una relación muy estrecha con la Santísima Muerte —así como con cualquier otra imagen— pues siempre estará presente y al lado de ella en las veladoras. Te recomendamos tener mucho cuidado de no dejarlas encendidas sin el debido cuidado para evitar accidentes.

Los colores que uses dependerán de tus necesidades. No obstante, si todo va bien en tu vida, es bueno encender veladoras blancas pues ellas simbolizan la pureza de tus deseos y es tu llama espiritual.

Tierra

Este elemento te recordará siempre que eres uno más de los habitantes de este planeta y que debes hacer todo lo posible para beneficiarlo a él y a ti mismo. Lo más recomendable para cualquier altar, es conseguir un poco de tierra "virgen", es decir, de lugares no poblados o donde la puedas encontrar "pura".

Asimismo, muchos experimentados brujos afirman que la mejor tierra es la que se encuentra en zonas arqueológicas, pues en ella está la sabiduría de nuestros antepasados.

Aire

Finalmente, para que la Santísima Muerte trabaje en forma correcta tu favor, debes de buscar que el Aire esté presente en tu altar. Recuerda que el lugar de éste debe ser ventilado. Deja que el viento se lleve las "malas vibraciones" y traiga "nuevas energías" a tu altar.

Ofrendas para el altar

Pan

El pan es una ofrenda indispensable y jamás debe faltar en tu altar. Con él, estarás pidiendo a la Santa Muerte que jamás falte el alimento en la mesa de tu hogar.

El pan que utilices puede ser un bolillo, pan integral o blanco. Cámbialo dos veces por semana y no esperes a que se ponga duro. Una vez que quites el pan "viejo", no lo tires a la basura, mejor llévalo debajo de un árbol frondoso, lleno de vida y déjalo ahí.

Agua

Este es otro elemento que nunca debe faltar en tu altar. Lo mejor es usar agua limpia y clara (no es necesario hervirla). Deposítala en vasos pequeños o copitas y verifica diariamente que se encuentre limpia y al mismo nivel (recuerda las indicaciones que te puede hacer la Santa Muerte mediante el agua). El agua siempre será un indicador de la "energía" de tu hogar u oficina.

Fruta

Cualquier fruta que decidas ofrecer a la Santísima Muerte debe ser fresca. Generalmente se echa mano de las manzanas (las rojas tienen el poder de captar energías negativas, y las amarillas se relacionan al dinero), usar dos o tres es suficiente. Una vez hecha la petición y haya pasado una noche con la imagen, puedes comer la fruta; nunca la tires a la basura.

Inciensos

Desde nuestros ancestros, los inciensos siempre han estado presentes en todo tipo de rituales. Además de purificar el ambiente, cada esencia puede ayudarte en un caso específico. Te presentamos una pequeña lista con los aromas más comunes:

Almizcle: este incienso te ayudará con asuntos relacionados a la salud. Además de alejar cualquier enfermedad del ambiente en nuestro hogar u oficina, protegerá de cualquier padecimiento a quien lo use.

Copal: Este incienso logrará purificar cualquier energía negativa que llegue a tu hogar u oficina. Además, con él lograrás elevar tus ventas, recuperar clientes perdidos y tener éxito en cualquier tipo de negocio.

Mirra: Cuando sientas que la envidia, la intriga y el odio te rodean, echa mano de este incienso. Asimismo alejará de tu vida desprecios y engaños.

Rosas: este incienso estimulará el libido y desatará tu pasión. Si la camaradería escasea en tu oficina o en tu casa hay problemas con la pareja, este aroma despertará la cordialidad en las relaciones interpersonales y activará tu pasión y deseo sexual.

Jazmín: Este aroma es muy importante usarlo en las oficinas o negocios, ya que con la ayuda de la Santa Muerte y este aroma, tus clientes aumentarán significativamente.

Sándalo: Este incienso logrará que reine el éxito y la abundancia en tu lugar de trabajo u hogar. Muchos lo prefieren por su poder de atracción en todo lo referente al bienestar económico.

Vainilla, Clavel y Lila: Estos aromas son especiales para el hogar, pues te ayudarán en todo asunto relacionado al corazón. Con ellos lograrás solucionar problemas con el amor o atraerlo a tu vida.

Dulces

Los dulces que coloques en tu altar deberán ser lo menos "industrializados" posible. Echa mano de productos tradicionales como cocadas o amarantos.

Si llevas a cabo trabajos relacionados al corazón, usa barras de chocolate o miel.

Flores

Cualquier tipo de flores serán buenas para tu altar. Si tus preferidas son las rosas o las margaritas o los claveles, coloca tres o cuatro en el altar y trata de que siempre tengan agua y estén frescas.

Los colores pueden variar, pero si tu intención va dirigida hacia la salud o la cura de algún padecimiento, coloca flores blancas.

Ahora bien, si tus peticiones a la Santísima Muerte van dirigidas hacia asuntos amorosos, coloca flores color rojo.

Finalmente, si lo que buscas es una mejora en lo relacionado al dinero, busca flores color amarillo y ofrécelas con fe a tu imagen.

Cigarros o Puros

Este es otro elemento importante en el altar a la Santa Muerte.

Procura que los cigarrillos que ofrezcas sean de hoja, pues al igual que los dulces, siempre es mejor echar mano de los que contengan menos sustancias y químicos. Los cigarrillos deberás ofrecerlos encendidos y dejar que se consuman completamente.

Colócalos en un cenicero y déjalos ahí. Uno diario será más que suficiente.

Por lo que se refiere a los puros, ése deberás fumarlo y echar el humo hacia la imagen de tu altar para purificarla y alejar cualquier energía negativa que pudiera llegar.

Vino

El ofrecer vino y licor a la Santa Muerte es de lo más común. Dependiendo de tu bolsillo, puedes ofrecerle mezcla, ron, tequila, aguardiente o vino.

Sirve un poco en un vasito o copa y déjalo ahí durante dos o tres días, después viértelo en algún árbol frondoso y coloca una nueva copita a la Santa Muerte. No olvides que la fe y devoción es lo que en verdad cuenta, no la calidad o cantidad de tus ofrendas.

Hierbas y plantas

Las hierbas y las plantas son otro punto importante para tu altar. Si quieres llevar a cabo trabajos especiales para mejorar tu situación —en cualquier aspecto que desees cambiar, mejorar o incrementar—, debes contar con las siguientes:

Alcanfor

Muchas veces perdemos al ser querido por tonterías o problemillas sin importancia. Cuando esto suceda, y quieras que regrese a tu lado, el alcanfor te será de gran ayuda (así como las oraciones que encontrarás en la parte final del libro). Escribe en un papel blanco el nombre de la persona que desees regrese a tu vida y colócalo debajo de la imagen. Te sorprenderás de los resultados.

Albahaca

Esta tradicional planta te ayudará a "potenciar" cualquier petición relacionada a los "dineros". Si en tu vida deseas ver la abundancia en todas sus manifestaciones, pon siempre albahaca en tu altar.

Ruda

Esta aromática hierba te ayudará, junto con algunas oraciones, a que los chismes, las intrigas, las mentiras y las malas energías desaparezcan de tu vida. Asimismo, y si así lo deseas, tu matrimonio o vida de pareja mejorará notablemente.

Romero

El romero siempre se ha utilizado como un elemento que aleje la negatividad o los malos pensamientos y los convierta en positivismo y ganas de hacer las cosas. En tu altar no debe de faltar si deseas hacer cambios positivos en tu vida.

Hierbabuena

La deliciosa hierbabuena logrará, junto con una buena oración y mucha fe, poner orden en todo lo relacionado a los asuntos del corazón. Quizá desees aliviar una pena, olvidar a esa persona o aliviar tu corazón del dolor, pues bien, esta maravillosa hierba te ayudará con esto y mucho más.

Hierba de la unión

Cuando en tu vida te ha costado llevar a cabo conquistas con el sexo opuesto, o quizá tu suerte siempre ha estado de "espaldas" a la hora de acercarte a ese alguien tan especial, bueno, pues la hierba de la unión hará milagros por ti.

Ven a mí

Cuando tenemos pareja, pero esta comienza a "alejarse" o "distraerse", no hay nada mejor que echar mano de esta poderosa hierba. Con la ayuda de la Santa Muerte y mucha fe, todo se solucionará rápidamente.

Cuarzos y Piedras para el Altar

Los cuarzos, aunque parezca extraño, actúan como catalizadores en la conciencia humana. Son un enlace evidente entre la luz y la materia.

Al trabajar con los cuarzos, estás cooperando activamente con la naturaleza, lo que es ya muy normal en este siglo que ha comenzado.

Utilízalos y te sorprenderán de su poder.

A continuación te presento una lista de los más comunes:

Cuarzo blanco

El poder de esta piedra hará que los malos pensamientos abandonen tu cabeza, logrando que la energía positiva que atrae llene tu alma de equilibrio y espiritualidad.

Cuarzo rosa

Este cuarzo lo puedes utilizar para protegerte de los malos sentimientos y para que en el amor te vaya bien. La enorme energía que atrae, te dará mucha fuerza en el amor.

Piedras siete metales

Cuando las cosas materiales o los negocios no van de la forma en que pensabas, puedes echar mano de esta poderosa piedra. Con ella y la ayuda de la Santa Muerte llegarán a ti la abundancia, el dinero y la prosperidad.

Piedra imán

Otra poderosa piedra que te ayuda a realizar negocios o transacciones exitosas es la piedra imán.

Piedra alumbre

Si lo que buscas es ayuda en torno a problemas legales o con la justicia, esta piedra logrará que los asuntos siempre se resuelvan a tu favor y en un tiempo verdaderamente corto.

Piedra azabache

Y si lo que buscas es que el dinero llegue a manos llenas, no hay nada mejor que trabajar con la piedra azabache y la imagen de la Santa Muerte.

Oraciones

*M*uchas y muy variadas son las oraciones que logramos encontrar para este libro. Las más comunes o utilizadas por sus seguidores fueron las que decidimos incluir. Esperamos sean de tu ayuda y, por favor, recuerda sólo pedir a la Santa Muerte para tu bienestar y el de tu familia o amigos. Suerte y mucha fe.

Alabanza a la Santísima Muerte

Fuiste, ¡oh muerte inmortal!,
porque venciste al mundo
sometiendo dificultades
con un saber profundo,
haz, ¡oh Santa Muerte tan sagrada!,
que siempre triunfe en el mundo
por la pena y la agonía

que tú das al moribundo
en su postrera agonía,
al desprenderse del mundo.
Haz, ¡oh Muerte tan sagrada!,
que siempre triunfe en el mundo
por los dolores que das
al sentir tu emanación,
cuando tus miembros bien fríos
son principio de emoción.
Haz, ¡oh Muerte celestial!,
que siempre triunfe en el mundo.
Haz, ¡oh Muerte celestial!,
que siempre triunfe en el mundo.
Haz, ¡oh Muerte celestial!,
calmando ya mi quebranto
unirme sólo a ese ser
a quien amaba yo tanto.
Haz, ¡oh Muerte celestial!,
que siempre triunfe en el mundo
sea orgulloso y primordial unirme
será un placer creo no arredre ni detenga
más que sólo su querer,
haz, ¡oh Muerte tan sagrada!,
que siempre triunfe en el mundo,
por nuestro Señor Jesucristo.
Amén.

Novena a la Santa Muerte

Jaculatoria

Muerte querida de mi corazón,
no me desampares con tu protección
y no dejes a
(nombre de la persona)
un solo momento tranquilo,
moléstalo a cada momento,
mortifícalo, inquiétalo
para que siempre piense en mí.
Amén.
(Se rezan tres Padrenuestros)

Soneto

¡Oh Sagrada Muerte!,
reliquia de Dios,
sácame de penas
teniéndote a Vos.

Que tu ansia infinita
por hacer el bien,
sea siempre contigo
toda nuestra dicha
sin mirar quién.
Que tu balanza divina
con tu esfera celeste,
nos cobije siempre

tu manto sagrado,
Santísima Muerte.
(Se repite toda la novena)

Primer día

Santísima Muerte,
yo te suplico encarecidamente,
que así como te formó Dios inmortal,
hasta ponerte en la esfera celeste,
donde gozaremos un feliz día
sin noche por toda la eternidad
y en el nombre del Padre,
del Hijo y del Espíritu Santo:
yo te ruego y te lo suplico
te dignes ser mi protectora,
y me concedas todos los favores
que yo te pido en esta Novena,
hasta el último día, hora y momento
en que su divina majestad
ordene llevarme a su presencia.
Amén.
(Se rezan tres Padrenuestros)

Segundo día

Jesucristo Vencedor
que en la Cruz fuiste vencido,
vence a (nombre de la persona),

que esté vencido conmigo;
en el nombre del Señor;
si eres animal feroz,
manso como un cordero,
manso como una flor de romero,
tienes que venir.
Pan comiste, de él me diste,
quiero que traigas a (nombre de la persona)...
por la palabra más fuerte que me diste,
quiero que venga a mí humillado,
rendido a mis plantas llegue a cumplirme
lo que me ha ofrecido,
así como creo Señor no será imposible;
te suplico encarecidamente
me concedas esto que te pido,
con esta Novena,
prometiéndote ser tu más fiel devoto
hasta el fin de mi vida.
Amén.
(Se reza un Padrenuestro y una Gloria)

Tercer día

Jesucristo vencedor,
dulce nombre de Jesús por tu Santa Muerte,
tú me alumbras con tu luz y me llenas de energía,
trayéndome el amor de (nombre de quien amas),
sea de noche o sea de día,
te lo pido por el gran poder titánico que Dios te dio,

te pido que me introduzcas en el corazón de
(nombre de la persona),
que no tenga ojos mas que para mí,
hazme el favor que te pido con esta Novena,
por la Santa Muerte de Nuestro Señor Jesucristo.
Amén.
(Se reza un Padrenuestro y una Gloria)

Cuarto día

¡Oh Santísima Muerte!,
que a los Santos redimiste,
como ovejas los dejaste
porque tú así lo quisiste,
yo te pido con todo mi corazón,
así como Dios te formó inmortal,
poderosa sobre todos los mortales,
haz que sólo yo en ti crea
haciéndome este milagro,
con el gran poder que tienes hagas que
(nombre de la persona),
no pueda tener tranquilidad,
ni en silla sentarse, hasta que humilde y rendido (a)
venga a mis pies, y que nunca jamás, se aleje de mí,
te lo pido por la Santísima Trinidad del Padre Eterno,
jamás se aleje de mí,
te lo pido por la Santísima trinidad del Padre Eterno.
Amén.
(Se rezan tres Padrenuestros)

Quinto día

¡Oh Santísima Muerte de Jesús mi bien amado!,
¡oh Soberana Señora!,
a la que el Padre Eterno puso
para cegar la vida de todos los mortales
a la que todos llega tarde o temprano,
no importa riquezas o juventudes,
pues es pareja con viejos,
jóvenes o niños a los que habrá
de llevar a sus dominios,
cuando Dios se lo indique.
Muerte Sagrada yo te suplico que
(nombre de la persona)
se enamore mucho de mí,
que no se fije en la hermosura física,
haz que descubra la bondad de mi alma,
y me reconozca sólo a mí como a su único
y más fiel amor.
Amén.
(Se rezan tres Padrenuestros)

Sexto día

¡Oh Santísima, Gloriosa y Poderosa Muerte!;
que velando estás por mí
en la muerte Señor
acordaos de mí,
y haz que en este momento

mi querer sólo piense y venga a mí.
Muerte Sagrada,
como Señora invencible que eres,
haz que (nombre de la persona),
no pueda gozar de sus paseos sin mí,
ni comer, ni dormir si a mi lado no está,
que sus pensamientos sean sólo para mí,
lo mismo su voluntad
y que me dé la felicidad con todo su amor.
Amén.
(Se rezan tres Padrenuestros)

Séptimo día

¡Oh Santísima Muerte!,
hoy consuela mi corazón,
quitándome esta aflicción
al mirar a mi consorte,
que deje todo cuanto entretenga
siendo mío hasta la muerte,
mas líbrame de todo mal,
con el poder titánico que Dios te dio,
haz que gocemos eternamente
de un glorioso día sin noches.
Con la predicción que me das divina majestad,
te pido me concedas los favores
que deseo en esta novena.
Amén.
(Se hace la petición)

Octavo día

Milagrosa y majestuosa muerte,
te pido que con tu poder inmenso
me devuelvas el cariño de
(nombre de la persona).
No lo dejes un momento sosiego,
ni tranquilo con nadie se halle,
que no esté contento con nadie,
si está durmiendo
me esté soñando,
si está despierto
su pensamiento esté en mí,
que no tenga reposo
te lo ruego humildemente,
su cariño, su amor, su vida,
están conmigo hasta la muerte.
Amén.
(Se reza un Padrenuestro y una Gloria)

Noveno día

Dadle fin a esta súplica,
Muerte protectora y bendita.
Por la virtud que Dios te dio
quiero que me libres de todos los maleficios,
de peligros y enfermedades,
y que a cambio me des
SUERTE, FELICIDAD Y DINERO.

Quiero que me des amigos
y me libres de mis enemigos,
haciendo también que (nombre de la persona)…
se presente ante mí, humilde a pedirme perdón,
manso como un cordero fiel a sus promesas,
que siempre sea amoroso y sumiso para toda la vida.
Amén.
(Se rezan tres Padrenuestros)

Oración para invocar

Señor La Muerte,
espíritu esquelético,
poderosísimo y fuerte,
indispensable en el momento de peligro,
yo te invoco seguro de tu bondad.
Ruega a Dios todopoderoso
concederme todo lo que te pido.
Que se arrepienta por toda su vida
el que daño o mal de ojo me hizo,
y que se vuelva contra él enseguida;
para aquel que en amor me engaña
pido que lo haga volver a mí
y si desoye tu voz extraña,
buen espíritu de la muerte,
hazle sentir el poder de tu guadaña.
En el juego y en los negocios
mi abogado te nombro como el mejor

y todo aquel que contra mi viene hazlo perdedor.
¡Oh señor La Muerte, mi ángel Protector!
¡Amén!

Oración para dominar
por completo a una persona

Cariño y amor,
ardiente pasión yo siento
por ti y tú por mí.
Tu pensamiento yo lo domino,
tu mente sujeta está
por el influjo de la Santísima Muerte.
Te llamo, te necesito y tú a mí.
(nombre de la persona) ven a mí.
Señora de la Noche
influye sobre su mente y corazón.
Sabia de mirto, circula por su sangre.
Yo te llamo (nombre de la persona).
Tu pensamiento y tu corazón son míos,
en nombre de la Santísima Muerte.

Oración a la Santa Muerte

Jesucristo vencedor,
que en la cruz fuiste vencido,
vence a (nombre de la persona)

que esté vencido conmigo;
en el nombre del señor;
si eres animal feroz,
se manso como un cordero,
manso como una flor de romero,
tienes que venir;
pan comiste, de él me diste,
quiero que me traigas a
(nombre de la persona)
por la palabra más fuerte que me dijiste,
quiero que venga a mí humillado,
rendido a mis plantas llegue a cumplirme
lo que me ha ofrecido.
Santísima Muerte,
te suplico encarecidamente
que así como te formó Dios inmortal
con tu gran poder sobre todos los mortales
lleguemos a la esfera celeste
donde gozaremos un glorioso día sin noche
por toda la eternidad,
y en el nombre del Padre,
del Hijo y del Espíritu Santo,
te ruego y te suplico te dignes ser mi protectora
y me concedas todos los favores que te pido
hasta el último día,
hora y momento en que su Divina Majestad
ordene llevarme ante su presencia.
Amén.

Oración para terminar con los conflictos familiares

Cuando es de noche no miramos
irradia con tus destellos de plata
las nubes negras y pesadas,
lanza con tu aliento, Santa Muerte,
lejos el germen del mal,
quita las cadenas de materia
de los pensamientos de la gente de mi casa
Santo Espíritu del final,
ayuda a ver en las tinieblas,
corta con tu guadaña las espigas de la maldad.
Permite que la alegría
retorne a mi hogar con justicia.
Diluye lo que daño pueda causar.

Oración de Don Diego Duende

Amigo sabio y poderoso,
príncipe de príncipes, rey de reyes,
amparador de los hombres, líbrame,
líbrame de las malas ocasiones
que persiguen mis enemigos.

Bienvenidas sean las cosas en tu nombre y poder,
ojos tengan y no me miren,
manos tengan y no me toquen,
pies tengan y no me alcancen,

armas tengan y no den fuego.
Cobardes difamadores ¡aquí estoy!,
y voy con el Duende,
que el valor se les desmaye
y los cabellos se les ericen,
que todos sean llenos de terror y miedo.
Que bienvenidas sean a mí las cosas,
como yo las deseo, Señor de la Naturaleza.
Don Diego Duende,
ya es tiempo que venzas a mis enemigos.

Don Diego Duende,
que con gran poder sea posible
lo que yo deseo de (nombre de la persona)
que ha de ser mía (o) la mujer (el hombre) que amo,
que se llama (nombre de persona amada)
toda vez que lleve tu oración,
en la que creo, así te lo pido.

(Di esta oración los martes, con una veladora encendida y
una copita de aguardiente)

Oración para proteger el negocio

Esto tengo
gracias a ti Señora de los abismos oscuros,
evita toda mala presencia
ahuyenta al traidor y acerca el amor,
señala el retorno a la envidia,
indica con tu santo dedo

por dónde debo andar,
cuídame de todo riesgo,
atrae fortuna amasada
con el trabajo de mi ser,
que riqueza suficiente
entre por esta puerta
para que pueda continuar la misión
que me tienes encomendada.

Otra oración para proteger el negocio

Señora inmaculada,
poderosa Muerte
que nos das vida y fuerza
para lograr nuestros propósitos,
permite que el negocio que tengo
o voy a emprender
logre darme tranquilidad y seguridad,
permite que sea próspero
y sea acompañado siempre de tu bendición,
permite que el dinero que de este negocio obtenga,
me dé satisfacción y lo multiplique
hasta que beneficie a los míos
y asegure mis pertenencias y mi matrimonio,
con devoción te lo pido
y agradezco infinitamente.
Amén.

Oración *"Ven dinero"*

Dinero ven, ven, ven,
lo necesario es tener gran fe
para que el dinero me rinda
y no se me vaya,
porque así lo quiero y así será.
San Judas, yo te saludo,
yo te venero,
dame mucha suerte,
felicidad, amor, salud
y mucho dinero.
Dinero ven, ven, ven,
siempre me acompañarás,
como buen amigo que eres.
Dinero ven, ven, ven,
necesito que no te alejes demasiado,
llegarás por todos los medios
y serás mi gran amigo para toda la vida.
Dinero, ven, ven, ven.

Oración *para evitar robos*

Pido tu protección Santa Muerte,
aleja de estas puertas a ladrones,
cubre con tu blanco manto a los intrusos
para que no realicen sus hurtos.
Cuida de estos bienes para poder proseguir,

guarda techos y paredes de malas voluntades.
No permitas que espíritus extraviados
conduzcan a sus seguidores hasta aquí,
guarda mi hogar, mi negocio de todo mal,
arrojo estas monedas,
para manifestar que antes de materia... estás tú.
(lanza nueve monedas al suelo y se déjalas ahí)

Oración para llamar la atención de alguien o del puro

Puro, purito,
yo te conjuro en el nombre de la Muerte,
la señal que te pido me has de dar
la ceniza tiene que caer.
Si está ansioso por hablarme,
su boca ha de abrir,
y con esta oración
tiene que venir manso,
desesperado y humillado
a las plantas de mis pies.
Alma de los cuatro vientos,
tú que andas por el mundo entero,
quiero que me traigas a
(nombre de la persona).
No me lo dejes pasar,
hasta que venga rendido a mis pies,
si está sentado no lo dejes en calma,

pon en su mente mi pensamiento,
si está durmiendo que me sueñe,
no podrá dormir tranquilo
pues un niño ha de oír llorar.

Oración para limpiar y proteger

Señor, ante tu divina presencia,
Dios todopoderoso,
Padre, Hijo y Espíritu Santo,
te pido permiso para invocar
a la Santísima Muerte,
mi Niña Blanca.
Quiero pedirte de todo corazón
que destruyas o rompas todo hechizo,
encantamiento y oscuridad que se presente
en mi persona, mi casa, trabajo y camino.
Santísima Muerte quita
toda envidia, pobreza,
desamor y desempleo.
Y te pido de caridad me concedas
y con tu bendita presencia alumbres
mi casa, mi trabajo y la de mis seres queridos,
dándonos el amor, prosperidad, salud y bienestar.
Bendita y alabada sea tu caridad Santísima Muerte.
Señor, te doy gracias infinitas,
ten caridad en mis pruebas
que son las que perfeccionan mi espíritu.

Señor gracias te doy
porque en medio de esa pruebas
tendré tu bendita y santa bendición.
(Se rezan tres Padrenuestros)

Oración de los 13 espíritus
para retener la pareja

¡Oh, Excelsa y Divina Trinidad
del Padre Creador del Hijo Redentor,
del Espíritu Santo Glorificado, Alfa y Omega!
¡Oh, poderosos Adonai!,
a tu bondad infinita acude
y se postra humildemente esta criatura
y de todo corazón te pide que (nombre de la persona)
se enamore de mí,
no fijándose en la hermosura de otra mujer (u hombre)
y sólo se fije en lo noble de mi alma.
Jael, Patriterón, Israel, Anglai, Kendai,
Rasel, Helim, Agla, Tetragrámaton,
los adoro y los amo,
hagan poderosos eones,
que el amor que siento por ustedes
influya en el corazón de la criatura
que quiero hacer mía.
Así sea.
(Rezar nueve Padrenuestros y nueve Aves Marías)

Oración para protegerte

Bendita Santa Muerte,
fortaleza contra mis enemigos,
hoy te pido que alejes de mí
toda envidia, chisme o maldad.
Que todos los deseos negativos
de los que me rodean
regresen a su dueño.
Niñita, que tus ojos sean los míos
y que tu castigo sea el mío
hacia quien por maldad o por dinero
quiera hacerme daño y hable mal de mí,
en ti dejo el precio de sus acciones.
Bendita Santa Muerte,
fortaleza contra mis enemigos
en tus manos me encomiendo.

Oración para equilibrar

Santa Muerte de mi corazón, Niña Blanca,
ampárame bajo tu manto
y otórgame tu bendición
para que el amor y la dicha
siempre me lleguen.
Señora mía dame tu fuerza
para que todo lo que me rodea se armonice.
Para que la fortuna y la suerte me sigan siempre.

Que todo lo malo se retire,
que todo lo bueno venga.
Te lo pido por tu poder
y fuerza sobre todas las cosas vivas.
Amén.

Oración para librarte de tu enemigo

Muerte querida de mi corazón...
No me desampares con tu protección,
pero no permitas que (nombre de la persona)
tenga un momento de tranquilidad.
Moléstalo a cada instante, mortifícalo...
¡Inquiétalo y haz que cada momento piense en mí!
¡Sácalo de mi vida lo antes posible!
(Reza tres Padrenuestros)

Oración contra las calamidades

¡Oh, Santísima Muerte milagrosa!,
yo vengo postrado ante ti
para pedirte y rogarte
que cubras con tu Santa mano
a esta tu casa,
para que nunca la posea
la salación y las maldiciones,
la envidia y el odio,

en esta, tu casa,
bienvenida seas
¡oh, Señora mía!,
te dejo toda mi fe,
mis pensamientos y mis obras en éste, tu altar,
y en tu honor obsequio esta luz y dinero
para que nunca falte a mí y a mi gente,
gracias Señora por los favores recibidos.
Que así sea.

Oración de la guadaña protectora

Señora Blanca, Señora Negra,
a tus pies me postro para pedirte,
para suplicarte, hagas sentir tu fuerza,
tu poder y tu omnipresencia
contra los que intenten destruirme.
Señora te imploro seas mi escudo
y mi resguardo contra el mal,
que tu guadaña protectora
corte los obstáculos que se interpongan,
que se abran las puertas cerradas
y se muestren los caminos.
Señora mía, no hay mal
que tú no puedas vencer
ni imposible que no se doble ante tu voluntad,
a ella me entrego y espero tu benevolencia.
Amén.

Oración para controlarlo (a)

Espíritu, cuerpo y alma de
(nombre de la persona),
ven porque yo te llamo,
yo te sugestiono, yo te domino.
Tranquilidad no has de tener
hasta que vengas rendido
y humillado a mis pies.
Así como te atravieso con este alfiler
en la mitad de esta vela,
así quiero que se atraviese mi pensamiento
en mitad de tu corazón,
para que olvides
a la mujer (u hombre) que tengas
y vengas, que yo te llamo.
(Repítelo tres veces).

Oración para olvidar al amante

Ángel de su día, Ángel del día de hoy,
Ángel de la Guarda de
(nombre de la persona),
Doblega el corazón de
(nombre de la persona)
para que olvide a la mujer (el hombre) que tenga
y venga rendido de amor hasta mis pies.
Que así sea.

Oración para la salud del cuerpo

Santísima Muerte protectora,
dueña Señora de la vida.
Ángel que nuestro padre
creó para ayudar y servir.
Hoy te imploro, te suplico
que me concedas la salud
y la vida de (nombre de la persona),
que sus días sobre la tierra perduren,
que su cuerpo recobre el vigor y la energía,
tú que todo lo puedes,
sálvalo y hazlo volver a su estado de salud,
yo te imploro, te lo pido en este día, en esta hora,
por Jesucristo vencedor en la Cruz,
conmuévete y tráelo de regreso.

Otra oración para la salud

Santísima Muerte protectora,
dueña y señora de la vida,
ángel que nuestro padre creó
para ayudar y servir.
Hoy te imploro, te suplico
que me concedas la salud
y la vida de (nombre de la persona),
que sus días sobre la Tierra perduren,
que su cuerpo recobre el vigor y la energía.

Tú que todo lo puedes,
sálvalo y hazlo volver a su estado de salud.
Te lo imploro, te lo pido este día, en esta hora,
por Jesucristo vencedor en la cruz,
conmuévete y tráelo de regreso.
Amén.

Oración para alejar a alguien del vicio

Santísima Muerte, señora de la noche,
tú que todo lo puedes,
humildemente te pido
que alejes del mal camino a
(nombre de la persona).
Por tu gran poder sobre los hombres,
por tu guadaña justiciera
corta el vicio que ataca a
(nombre de la persona).
Cuídalo y protégelo,
que no haga sufrir a quien bien lo quiere.
Señora mía, haz que el espíritu de
(nombre de la persona)
se aleje de (vicio a tratar),
retírale las malas amistades,
corta las influencias negativas,
que desaparezcan, que se vayan.
¡Oh Señora!, sólo tú puedes hacerlo.
Santísima Muerte, dulce Niña Blanca,

si existe algún obstáculo para que (nombre de persona)
deje de (vicio a tratar), elimínalo,
y siempre estaré en deuda contigo,
¡oh, gran Señora,
sólo tú puedes lograrlo!
Que así sea.

Oración para recuperar deudas o dinero

Santísima Muerte,
señora de la noche,
señora de los destinos.
En este día me acerco a ti para pedirte,
suplicarte oigas mi queja contra
(nombre de la persona).
Este sujeto me debe la cantidad de
(cantidad adeudada).
Señora, madre mía,
para tu mano justiciera
no existen imposibles,
por ello te pido que
con tu poder logres que
(nombre de la persona)
me regrese lo que es mío.
Madre mía,
si no se tratara de una situación difícil
no te molestaría pidiendo tu auxilio,
pero sabes bien de mi necesidad y desesperación.

Confío en ti para que lo adeudado
regrese a sus legítimas manos.
Para que no queden impunes
los traidores y mentirosos,
los de lengua seductora.
Señora de la noche,
que tu guadaña caiga implacable
sobre el mentiroso.
Porque tú tienes el dominio
sobre la vida y la muerte,
haz que (nombre de la persona)
no tenga reposo,
ni en cuerpo ni en espíritu
hasta que pague la deuda contraída.
Así sea.
(Se rezan tres Padrenuestros)

Oración contra venganzas

Santísima Muerte, señora mía,
dueña de la oscuridad y de lo frío.
A ti me acerco e imploro tu protección.
Señora mía, protégeme y cuídame
de mis enemigos, de las asechanzas,
de las trampas y de las venganzas.
Pon tu manto y evítame
las casualidades negativas.
Señora, tú que ves en la oscuridad,

cuida mi persona, mi casa y mi familia.
En nombre del Padre, del Hijo
y del Espíritu Santo.
Amén.

Oración de protección durante algún viaje

Espíritu Santísimo de la Muerte
invoco a tu santo nombre
para pedir que me auxilies en esta empresa.
Facilita mi curso sobre montañas,
valles y caminos,
no dejes de brindar tu buena fortuna,
teje los destinos de modo tal
que los malévolos instintos
se desvanezcan ante mí
por tu poderosa protección,
evita Santa Muerte,
que los problemas crezcan
y ahoguen mi corazón,
evita Señora mía,
que la enfermedad abrace
con sus alas mi materia,
aleja la tragedia, el dolor y la carencia,
esta veladora enciendo
para que el brillo de tus ojos
forme una muralla invisible en torno mío,

dame prudencia y paciencia,
dame Santa Reina de las Tinieblas
fuerza, poder y sabiduría,
di a los elementos que no desaten su furia
por donde hayan de atravesar,
cuida de mi feliz retorno,
que ya quiero adornar
y engalanar tu morada
en mi Santo Altar.

(Enciende una vela amarilla una noche antes del viaje. A tu regreso enciende una roja en agradecimiento).

Oración de la justicia

Santa Muerte bendita,
protectora de los débiles y desamparados.
Madre de la justicia eterna,
dueña de la sabiduría, tú,
que miras en el corazón del malo y del bueno,
a ti señora me acerco para implorarte justicia.
A ti, Santísima Muerte,
solicito la imparcialidad de tu balanza.
Señora mía, ve mi corazón,
escucha mis ruegos que salen de la necesidad,
haz que tu justicia se haga sobre la Tierra,
que tu mano divina guíe
las decisiones de jueces y carceleros.

Gran señora,
se implacable con los malvados que reinciden,
justa con los inocentes
y benévola con los que se arrepienten
de corazón y espíritu.
¡Oh, Niña Blanca,
escucha mis plegarias y protégeme
de la iniquidad y la indolencia.
En este día te solicito tu favor
para que mi caso sea sometido a tu medida
y obtenga el perdón absoluto
de los jueces terrenales,
en su momento tú me juzgarás,
y tomarás las palabras
que ahora pongo en prenda
como la medida de mi castigo
o mi absolución.
Amén.

Rituales

$\mathcal{E}$n esta parte final del libro, queremos presentarte unos cuantos de los muchos rituales que logramos rescatar de entre la gente familiarizada con el culto a la Santísima Muerte y que, seguramente, te ayudarán a tener una vida mejor, menos difícil y con mejores expectativas.

Esperamos sinceramente que hagas uso consciente de toda la información aquí contenida, pues nuestra intención no es darte "armas" para lastimar a terceras personas, sino simplemente ayudarte a mejorar tu situación y la de los tuyos.

Los ingredientes que se piden puedes tenerlos en casa u obtenerlos en lugares especializados, como el Mercado de Sonora, por ejemplo. Asimismo, siempre deberás utilizar cerillos de madera para encender veladoras, puros o cigarrillos, evita encendedores.

Mucha suerte y que la Santísima Muerte te ayude en todas tus necesidades.

Para el amor

Ingredientes:
1 veladora roja
3 rosas rojas
1 florero con agua limpia

Preparación:
Todas las noches, parado (a) frente a tu altar, verás fijamente la imagen de la Santa Muerte, pensarás en ella, cerrarás los ojos y dirás lo siguiente con mucha fe:

Santísima Muerte infinita,
por tu divino poder abre el camino
para que llegue hasta mí el amor
que por derecho divino me corresponde.
Amén.

Una vez que hagas esto, reza tres Padrenuestros. Todo el ritual deberás de hacerlo durante 9 días. Lo mejor y más eficaz es iniciarlo los martes o viernes después de las 22 horas.

Para encontrar la pareja ideal

Ingredientes
3 huesos de durazno
½ litro de alcohol de caña

¼ de litro de loción de fruta verde
1 piedra de alumbre (chica)
1 pizca de harina de maíz
1 cucharadita de miel de abeja
1 olla de barro pequeña

Preparación:

El primer lunes del mes, cuando amanezca. Pon todos los ingredientes en la olla de barro y déjalos macerarse durante 21 días.

Una vez transcurrido este tiempo, cuela el líquido obtenido y frota todo tu cuerpo con él. Báñate como normalmente lo haces y duerme tranquilamente.

Toma los huesos de durazno y entiérralos en una maceta que esté en el interior de tu hogar u oficina.

Aunque éstos no florezcan, lo que seguramente florecerá de manera sorprendente, será tu relación con esa persona tan esperada.

Para ser feliz con tu pareja

Ingredientes:

1 prenda de la persona a dominar (si es de cuando era niño[a] mucho mejor)
1 prenda tuya (si es de cuando era niño[a] mucho mejor)
Aguja e hilo rojo
1 veladora roja
1 imagen de la Santa Muerte

1 fotografía de la persona a dominar
1 rajita de canela
Pétalos de rosa
Tierra de tu jardín

Preparación:

Lo primero que debes conseguir para que una persona esté siempre contigo es, una prenda que haya utilizado por mucho tiempo. Toma la prenda con tu mano izquierda y guárdala con ropa tuya, por lo menos 7 días.

En lo que pasan estos días, fabrica un costalito con algo que tú hayas usado mucho tiempo. El costalito irá en proporción a la prenda de la persona a dominar.

Una vez transcurridos los siete días, ve a tu altar de la Santa Muerte y pide con mucha fe que el espíritu de las persona a dominar esté bajo tu control. Enciende una veladora roja en honor a la Santísima y mete en el costalito que fabricaste la prenda de esta persona.

Hecho esto, mete también la imagen a la Santísima Muerte, la fotografía de la persona a dominar, la rajita de canela, los pétalos de rosa y la tierra.

Hecho lo anterior, coseremos el costalito con el hilo rojo y haremos la oración del dominio —si la repites varias veces mientras coses la orilla del costalito no importa.

Una vez que termines, bautiza el costalito con el nombre de la persona y el tuyo. Repite la oración y guarda perfectamente el costalito. Deja que la veladora se consuma por completo.

Evita que la persona a dominar encuentre el costalito, pues de así hacerlo, rompería el hechizo. Y si con el tiempo la relación entre ustedes es buena, puedes deshacer tú mismo el costalito sin temor a perderlo(a).

Para mejorar la relación de pareja

Ingredientes:

1 litro de agua de rosas
7 ramas de laurel fresco
2 perlas de éter
Un chorrito de alcohol de caña
1 recipiente de cristal limpio

Preparación:

Toma todos los ingredientes y mézclalos perfectamente en el envase de cristal. Esta loción deberás de usarla después de tu baño antes de dormir.

Una vez que salgas de bañarte, seca bien tu cuerpo y frota con energía esta loción diciendo con mucha fe:

Santísima Muerte, te pido de todo corazón
que hagas que (nombre de la persona)
cambie para bien de los dos,
permite que ya no se comporte así,
aclárale su mente y hazle ver que actúa mal.
Ayúdame Santísima Señora, todo esto lo hago
pensando únicamente en el bien de los dos.
Así sea, así será.

Para que los resultados sean eficaces, deberás llevar a cabo este baño durante 21 noches seguidas.

Para que regrese tu pareja

Ingredientes:
1 fotografía de la persona a trabajar
1 prenda que haya usado sin lavar
1 pañuelo blanco
1 estampa de la Santa Muerte
Un poco de perfume
    o loción de la persona a trabajar

Preparación:
El primer domingo del mes, tomarás la fotografía y la prenda de la persona que deseas regrese a tu lado, y la llevarás contigo a todos los lugares que visites o vayas, desde ese domingo hasta el siguiente viernes.

El viernes siguiente, a las 12 de la noche en punto, tomarás la fotografía y la prenda, las colocarás en medio del pañuelo blanco, pondrás encima la estampa de la Santa Muerte y lo envolverás todo perfectamente en el pañuelo.

Hecho esto, añadirás unas cuantas gotitas de la esencia que usaba diario tu pareja.

Lleva el paquete a un lugar oscuro que sólo tú conozcas y, todos los viernes a la media noche, lo sacarás, verterás unas gotitas del perfume o loción y le rezarás la Oración a la Santa Muerte.

Por último, reza con devoción tres Padrenuestros y tres Aves Marías.

Contra la infidelidad

Ingredientes:

3 huesos de conejo macho blanco (de sus patas)
1 litro de aceite para cocinar
½ litro de laca para cabello
7 veladoras rojas
Tela roja
Loción o perfume de la persona infiel
1 cazuela de barro

Preparación:

El segundo día de Luna menguante coloca los huesos de conejo en la cazuela y vierte ¼ de litro de aceite y ¼ de laca.

Con mucho cuidado, préndeles fuego y deja que se apaguen solos. Una vez que se consuman el aceite y la laca, vierte un poco más de los dos y vuelve a encender todo con una veladora. Haz esto dos veces al día durante tres días.

La última vez que lo hagas, coloca los huesos en la tela y haz una bolsita con ellos mientras repite lo siguiente:

(Nombre de la persona),
por la fuerza de estos huesos
yo te ordeno que nunca más
veas a nadie que no sea yo,
que nunca quieras a nadie que no sea yo,
y que por ningún motivo te vayas de mi vida
si no es por decisión mía.
Así sea, así será.

Deja el "paquete" en velación en tu altar con las veladoras restantes.

Una vez que se consuman todas las veladoras, toma los huesos e imprégnalos del perfume o loción de la persona infiel y guárdalo muy bien en un lugar de la recámara donde haya ropa de él o ella.

Ten mucha precaución de que no los descubra, pues de así hacerlo, el hechizo dejaría de funcionar.

Contra los celos

Ingredientes:
1 plato blanco
Incienso de lila
Incienso de rosa
Incienso de clavel
Incienso de vainilla
Cintas de color gris

Preparación:
La primera noche de Luna llena, justo a la media noche, mezcla los inciensos en el plato blanco. Los inciensos de lila, rosa y clavel son para llamar la atención de la Divina Presencia, y el incienso de vainilla para alimentarlo espiritualmente. Corta cuatro pedazos medianos de la cinta gris y átalos a tus pies y manos.

Enciende los inciensos y aspira sus aromas. Poco a poco sentirás que la tranquilidad te invade, cuando esto suceda, expón las brasas ardiendo de los inciensos a la Luna, y pide que los celos que te invaden se vayan con el humo del incienso.

Con este ritual ayudarás a fortalecer tu relación de pareja y, si hubiera algún "peligro", lo eliminarás de manera efectiva.

Para el negocio

Ingredientes:

1 vaso con agua

1 pan

1 puro

1 cenicero

9 monedas (iguales)

1 billete (cualquier denominación)

3 manzanas rojas

1 veladora amarilla

1 incienso de mirra

1 plato de barro

1 mantel amarillo

Preparación:

Coloca el mantel en tu altar del negocio (o la casa, si trabajas en una oficina donde no puedas tener tu altar).

Frente a la imagen de tu Santa Muerte pon el vaso con agua limpia y del lado izquierdo el pan. Sobre el plato coloca el billete y las tres manzanas alrededor.

Enciende el puro, inhala una vez y esparce el humo frente a la Santa Muerte —hazlo unas 6 veces. Hecho esto deja el puro para que se consuma en el cenicero.

Enciende el incienso y déjalo arder en tu altar. Prende la veladora y reza tres Padrenuestros; una vez que termines, reza la Novena de la Muerte.

La veladora debe estar encendida siempre que estés trabajando, y la fruta, el pan y el agua deberán cambiarse las veces que sea necesario.

Hacerlo el primer viernes de cada mes es lo más apropiado.

Para el dinero

Ingredientes:
1 veladora con la imagen de
    la Santa Muerte estampada
Miel
Canela en polvo
3 monedas (iguales)

Preparación:
Toma la veladora y ponle un poco de miel en la parte superior.

Hecho este esparce un poco de la canela en polvo sobre la miel y coloca en forma de triángulo las tres monedas.

Hecho esto, enciende la veladora, reza la Oración a la Santa Muerte y tres Padrenuestros.

Es importante que la veladora se encuentre frente a la imagen del altar y encendida mientras se realiza este ritual.

Otro ritual para el dinero

Ingredientes:
1 moneda de plata
Agua bendita

Preparación:
Toma la moneda de plata y lávala perfectamente con el agua bendita. Una vez que la hayas secado, colócala debajo de la imagen de la Santa Muerte en tu altar de casa u oficina.

Durante 7 días, muy temprano, reza a la imagen la Oración "Ven dinero" con mucha devoción y verás que no te faltará liquidez en tu casa u oficina.

Una tercera opción para el dinero

Ingredientes:
1 veladora
1 plato de barro
Azúcar blanca
1 vaso con agua
3 monedas (de diferente denominación)

Preparación:
Sobre el altar, y frente a la imagen de la Santa Muerte, coloca el plato de barro. Sobre él, coloca y enciende la veladora; haz

una cruz con el azúcar y acomoda el vaso con agua y las tres monedas.

Finalmente, reza la Novena a la Santa Muerte y mantén encendida la veladora mientras realizas el ritual.

Para alejar la enfermedad

Ingredientes:
1 pergamino virgen
1 cucharada de nueve clases de semillas
1 cucharada de alcanfor en polvo
1 veladora negra
1 metro de listón morado
1 bolsa de tela morada

Preparación:
En la bolsa de tela morada, deposita las nueve semillas diferentes y el alcanfor. Escribe en el pergamino el o los nombres de los familiares que viven contigo, empezando por el mayor y terminando con el más pequeño. Hecho esto enrolla el pergamino y átalo con el listón morado. Mientras lo haces, visualiza a cada miembro de tu familia lleno de salud, paz y amor.

Dobla en siete partes el pergamino y colócalo debajo de la imagen de la Santa Muerte, y a un lado coloca la bolsa con las semillas y el alcanfor. Enciende la veladora y reza tres Padrenuestros y tres aves Marías. Por último, reza la Novena a la Santa Muerte.

Para las calamidades

Ingredientes:

1 veladora dorada para la Fortuna

1 copa de mezcla o aguardiente

3 cigarrillos

3 claveles (blancos)

1 piedra de azabache

Hilo dorado

13 monedas (iguales)

1 pedazo de palo "yo puedo más que tú"

1 frasco con esencia del éxito

1 paño limpio (nuevo, si es posible)

1 plato

1 pedazo de tela

1 cenicero

Preparación:

Toma el paño nuevo y, con la esencia del éxito, limpia perfectamente la imagen de la Santa Muerte de tu altar. Enciende la veladora y di la Oración contra las calamidades. Una vez que hayas terminado, coloca el licor y los claveles en tu altar.

Extiende el pedazo de tela y coloca en el centro la piedra de azabache, las monedas y el pedazo de palo "yo puedo más que tú".

Envuelve todo y átalo con el hilo dorado. Coloca el paquete sobre el plato y ponlo todo junto a la imagen de tu altar. Reza tres Padrenuestros.

Por último, enciende un cigarrillo fúmalo tú, y el otro déjalo en el cenicero para la Santa Muerte (apagado).

El tercer cigarrillo lo dejarás para fumarlo el siguiente viernes después de la media noche.

Para la felicidad

Ingredientes:

1 hueso de pechuga de pollo en forma de "Y"

7 listones de diferentes colores

7 colores de esencia de rosas

7 gotas de esencia de jazmín

7 gotas de esencia de cedro

1 cajita de metal (de plata es ideal)

Arena de mar

1 veladora morada

Preparación:

La pechuga de pollo, de la cual sacarás el hueso en forma de "Y", debes cocinarla y comerla en la forma que más te agrade.

Cuando obtengas el hueso, límpialo y lávalo muy bien. Una vez seco, ponlo sobre la arena de mar y déjalo reposar ahí siete noches a la luz de la luna.

Transcurrido este tiempo, saca el hueso y fórralo muy bien con los siete listones. Estámpalo con las esencias y déjalo en velación con la veladora morada hasta que ésta se consuma totalmente. Antes de que se extinga la flama repite en voz alta:

Hueso bendito, hueso venerado
en esta casa serás adorado;
dame amor, paz y armonía
para que con ello
tu fin sea pagado.

Contra el alcoholismo

Ingredientes:

1 mantel blanco
1 copita con el licor que prefiera la
       persona a trabajarse
1 florero (pequeño)
1 Oración a la Santa Muerte
½ metro de listón morado
1 veladora blanca
½ docena de flores
       (2 blancas, 2 rojas y 2 amarillas)
1 pluma de tinta negra

Preparación:

Coloca el mantel en tu altar. Escribe nueve veces el nombre de la persona a trabajar en la Oración a la Santa Muerte.

Enróllala y cúbrela por completo con el listón morado. Introduce la Oración cubierta en la copa de licor y ponlo todo al lado de la Santa Muerte.

Enciende la veladora, reza la Oración que viene impresa y repite siete veces el nombre de la persona a trabajar.

Una vez hecho lo anterior, pide con mucha fe a la santa Muerte que aleje por completo a la persona del alcohol y deja que se consuma la veladora por completo.

Pon las flores en el florero y ubícalas en el altar. Cambia el licor y el papel cada semana y vuelve a repetir cada paso.

El vino viejo lo tirarás en una coladera, y la Oración envuelta entiérrala en una maceta, con ello lograrás que el vicio se vaya poco a poco.

Por último, con mucha fe, reza tres Padrenuestros y tres Aves Marías.

Para que la casa esté segura

Ingredientes

1 mantel blanco

1 vaso con agua

1 Cristo o cruz

1 cajetilla de cigarros

1 veladora de Paz y Unión

3 manzanas rojas

Miel de abeja

1 florero

4 claveles rojos

1 copa con licor (ron, tequila o jerez)

1 pan

1 racimo de plátanos

1 cenicero nuevo

Preparación:

Pon el mantel blanco en tu altar, y junto a tu imagen de la Santa Muerte, pon el vaso con agua, y detrás de éste vas a colocar el crucifijo.

Del otro lado coloca la copita con licor y las tres manzanas.

Hecho esto, pon en todo el altar los demás elementos: el pan, los plátanos, la miel y los cigarrillos.

Toma dos cigarrillos y enciéndelos, uno es para ti y el otro para la Santa Muerte, así que déjalo en el cenicero hasta que se consuma.

Coloca el florero con las flores del lado derecho de la Santa Muerte y enciende la veladora.

Hecho esto, y una vez que se hayan consumido los cigarrillos, reza un Padrenuestro y la oración que viene junto a la veladora.

Finalmente, pide por la seguridad de tu hogar u oficina con mucha fe y con plena confianza de que la Santa Muerte te protegerá.

Para el taller o "changarro"

Ingredientes:

13 herramientas miniatura que se usen en el taller

1 racimo de uvas

1 chocolate

1 puro

7 rosas blancas

1 caja de varitas de copal
1 copa de vino tinto
1 copa de agua
1 veladora de la prosperidad
9 monedas (iguales)
1 plato de barro
1 piedra de alumbre (mediana)
1 caja de incienso de estoraque
1 mantel amarillo
1 cenicero

Preparación:

Primero, coloca el mantel en tu altar. Frente a la imagen de la Santa Muerte coloca el plato de barro, y en él, las 13 herramientas, la piedra de alumbre, las monedas y el chocolate. Del lado izquierdo del plato coloca la copa de agua, y del lado derecho la copa con agua.

Enciende el puro, inhala varias veces y el humo espárcelo por donde está la imagen de la Santa Muerte. Deja el puro en el cenicero y que se consuma. Enciende la veladora y reza la oración que viene con ella.

Hecho esto, pide con mucha fe y firmeza por tu negocio; visualízalo próspero, con muchos clientes y con mucho dinero. La veladora deberá estar encendida mientras estés trabajando. No olvides apagarla cuando cierres el establecimiento.

Con la veladora es bueno encender un par de varitas de incienso, una de copal y una más de estoraque. No olvides colocar las uvas y las flores cerca de la imagen de la Santa Muerte, y cambia los ingredientes que pueden echarse a perder las veces que sea necesario.

Poema a la Santísima Muerte

Santa madre del último aliento,
amante esposa de mi pensamiento,
tu belleza púrpura, tu manto etéreo,
cubren mi alma, arropan mi cuerpo.
¿Por qué apareces tan bella a mis ojos?
¿Por qué tan dulce tu sensual sonrisa?
Porque al mirarte nunca tengo prisa,
ni bajo mi rostro y te miro de frente,
me extasía tu celestial figura,
tu negro cabello, tus formas sutiles,
rutilante como las estrellas,
virgen como una doncella,
delicada como una princesa,

parece tu porte de regia consorte
amante serena y fiel novia eterna.
Amarte querría, y fundirme contigo
en sensual abrazo.
Besar tus labios y unirlos con los míos,
mortales y sabios.
Decirte cuanto te quiero,
supondría un libro entero.
Enamorado de ti,
amante fiel y sincero
desde aquel preciso día
que te presentaste a mí
como mujer, como diosa,
vivo sin vivir en mí
para vivir en tu seno.
Sueño tranquilo y sereno
porque duermes junto a mí,
porque tu cálido aliento
invade mi pensamiento,
penetra todo mi ser.
Has perturbado mi mente,
has turbado el sentimiento
porque sin querer queriendo,
me he enamorado de ti.
Vivo sin vivir en mí,
soy esclavo de tu suerte
y sin haberlo elegido,
soy el novio de la muerte.

Índice

Prólogo 5

Introducción 7

Altares: colores, elementos y materiales 13
   ⋏ Los cuatro elementos
     en relación a la Santísima Muerte 17
       Agua...17
       Fuego 18
       Tierra..18
       Aire...19
   ⋏ Ofrendas para el Altar 19
       Pan..19
       Agua...19
       Fruta 20
       Inciensos 20
       Dulces 21
       Flores...21
       Cigarros o Puros 22
       Vino 22

⚔ Hierbas y Plantas 23
    Alcanfor 23
    Albahaca 23
    Ruda 23
    Romero 24
    Hierbabuena 24
    Hierba de la unión 24
    Ven a mí 24
⚔ Cuarzos y Piedras para el Altar 25
    Cuarzo blanco 25
    Cuarzo rosa 25
    Piedras siete metales 25
    Piedra imán 26
    Piedra alumbre 26
    Piedra azabache 26

Oraciones 27
    ⚔ Alabanza a la Santísima Muerte 27
    ⚔ Novena a la Santa Muerte 29
    ⚔ Oración para invocar 36
    ⚔ Oración para dominar por completo
        a una persona 37
    ⚔ Oración a la Santa Muerte 37
    ⚔ Oración para terminar con los conflictos familiares 39
    ⚔ Oración de Don Diego Duende 39
    ⚔ Oración para proteger el negocio 40
    ⚔ Otra oración para proteger el negocio 41
    ⚔ Oración "Ven dinero" 42
    ⚔ Oración para evitar robos 42
    ⚔ Oración para llamar la atención
        de alguien o del puro 43
    ⚔ Oración para limpiar y proteger 44
    ⚔ Oración de los 13 espíritus para retener a la pareja 45
    ⚔ Oración para protegerte 46

⅄ Oración para equilibrar 46
⅄ Oración para librarte de tu enemigo 47
⅄ Oración contra las calamidades 47
⅄ Oración de la guadaña protectora 48
⅄ Oración para controlarlo (a) 49
⅄ Oración para olvidar al amante 49
⅄ Oración para la salud del cuerpo 50
⅄ Otra oración para la salud 50
⅄ Oración para alejar a alguien del vicio 51
⅄ Oración para recuperar deudas o dinero 52
⅄ Oración contra venganzas 53
⅄ Oración de protección durante algún viaje 54
⅄ Oración de la justicia 55

Rituales 57
⅄ Para el amor 58
⅄ Para encontrar la pareja ideal 58
⅄ Para ser feliz con tu pareja 59
⅄ Para mejorar la relación de pareja 61
⅄ Para que regrese tu pareja 62
⅄ Contra la infidelidad 63
⅄ Contra los celos 64
⅄ Para el negocio 65
⅄ Para el dinero 66
⅄ Otro ritual para el dinero 67
⅄ Una tercera opción para el dinero 67
⅄ Para alejar la enfermedad 68
⅄ Para las calamidades 69
⅄ Para la felicidad 70
⅄ Contra el alcoholismo 71
⅄ Para que la casa esté segura 72
⅄ Para el taller o "changarro" 73

Poema a la Santísima Muerte 75

Impreso en los talleres de
Offset Libra
Francisco I. Madero No 31
Col. Iztacalco C.P. 08650
Tel. 590-8269
México D.F.